Ludwig Boltzmann

Über die Prinzipien der Mechanik

bremen
university
press

Ludwig Boltzmann

Über die Prinzipien der Mechanik

ISBN/EAN: 9783955623562

Auflage: 1

Erscheinungsjahr: 2013

Erscheinungsort: Bremen, Deutschland

Über die

Prinzipien der Mechanik

Zwei akademische Antrittsreden

von

Dr. Ludwig Boltzmann

Professor der theoretischen Physik an der Universität Wi

Vorwort.

—

Wiederholt an mich ergangenen Aufforderungen gemäss übergebe ich hier den Inhalt der beiden Vorlesungen dem Drucke, welche ich beim Antritte meiner Lehrthätigkeit an der Universität Leipzig und beim Wiederantritt meiner alten Professur in Wien gehalten habe, obwohl ich überzeugt bin, dass diejenigen, welche diese Vorlesungen nicht schon gehört haben, gewaltig enttäuscht sein werden.

Sie werden eine neue Auflage der philosophisch-kritischen Betrachtungen erwarten, die ich einst in einem Vortrage gelegentlich der Naturforscherversammlung in München vorbrachte. Sie bedenken nicht, dass dort mein Auditorium ein ganz anderes war. Dort bestand es der Mehrzahl nach aus Männern, welche, wenn auch nicht alle in sämtliche Details der theoretischen Physik eingeweiht, doch mit Wissenschaft übersättigt waren, so dass sie immerhin nach den Schweizerpillen der kritischen Philosophie Verlangen haben konnten.

Aber was sollten diese einem Auditorium, ie ich es für die beiden hier wiedergegebenen

Vorträge erwartete, einem Auditorium von Jünglingen, die voll Hunger nach Wissenschaft die Lehren derselben erst in sich aufnehmen, nicht wieder von sich geben wollten, die mehr nach einem Appetit reizenden Vorgericht, als nach einem die Verdauung fördernden Nachgericht verlangten.

Das war wenigstens meine Ansicht, mag dieselbe richtig oder falsch gewesen sein. Jedenfalls beurteile man die folgenden beiden Vorträge mit Nachsicht und erwarte darin keinen Tiefsinn, sondern nur harmlose Plauderei.

Wien XVIII/1, Haizingergasse 26,
den 1. November 1902.

Antritts-Vorlesung.

Gehalten in Leipzig im November 1900.

Hochansehnliche Versammlung!

Wenn wir neue Gäste in das von uns lange bewohnte Heim einzuführen gedenken, so pflegen wir die Eingangsthür festlich zu schmücken. Ich bin an diese altehrwürdige Universität berufen worden, um Sie einzuführen in den weitläufigen und imposanten Bau der theoretischen Physik. Die Eingangspforte, durch welche wir diesen Bau betreten wollen, ist die analytische Mechanik. Kein Wunder daher, dass ich Ihnen dieselbe in ihrem schönsten Schmucke zeigen möchte, mit dem sie zwar nicht von mir, aber im Verlaufe der Jahrhunderte von den erlesensten Geistern geziert worden ist.

Als echter Theoretiker will ich vor allem äusseren Beiwerke den inneren Kern ins Auge fassen. Die Definition der analytischen Mechanik ist eine sehr einfache. Sie ist die Lehre von den Gesetzen, nach denen die Bewegung der Körper erfolgt. Die Kenntnis dieser Gesetze ist für die Behandlung zahlreicher Maschinen und ähnlicher Vorrichtungen erforderlich, deren einfachste Formen schon im grauen Altertume, so bei den Ägyptern und Babyloniern, bekannt waren. Wir dürfen uns daher nicht wundern, dass die ersten Anfänge der

Erforschung mechanischer Gesetze sehr weit
zurückreichen. Obwohl es sich hierbei fast
immer darum handelte, Körper in Bewegung
zu setzen, so beschränkte man sich, abgesehen
von wenigen verunglückten Versuchen, bis auf
Galilei ausschliesslich auf die Bedingungen des
Gleichgewichtes, welche in den damals unter-
suchten Fällen zusammenfielen mit den Bedingungen, unter denen Körper sich gar nicht bewegen. Es ist merkwürdig, dass man mit der
Betrachtung dieses Falles, der nach unserer
Definition der Mechanik sich allerdings unter
dieselbe subsumiert, aber doch nur als ein ganz
spezieller Fall, gewissermassen ein Ausnahme-
fall, zur Beurteilung der damals gebrauchten
Maschinen ausreichte; aber da man von dem
eigentlich zu Beschreibenden, der wirklichen
Bewegung, gerade absah, so war man zu einer
Mechanik im eigentlichen Sinne noch nicht ge-
langt. Diese beginnt erst mit Galilei, welcher
durch ebenso sinnreiche wie fundamentale Versuche die Grundgesetze für die einfachsten Fälle
der Bewegung ein für allemal feststellte.

Man hätte nun erwarten können, dass diese
Gesetze zunächst auf kompliziertere irdische
Erscheinungen, z. B. das Wachstum eines Gras-
halmes, angewendet und dadurch erweitert
werden würden; allein dies war keineswegs der
Fall. Diese und ähnliche, für den naiven Be-
obachter unscheinbare, irdischen Vorgänge sind
uns noch heute vollkommen rätselhaft. Der
Fortschritt wurde vielmehr dadurch inauguriert,
dass Newton die von Galilei gefundenen
Grundgesetze sofort auf die Bewegung des uns
Entlegensten, nämlich der Himmelskörper, an-

wandte und man kann mit Schiller sagen:
„Fürwahr, ihn hat kein Wahn betrogen, als er
aufwärts zu den Sternen sah!"; denn gerade
auf diesem Wege fand Newton jene Erweite-
rungen und Vervollständigungen der Galilei-
schen Gesetze, welche dann wieder Anwendung
auf kompliziertere irdische Bewegungen ge-
statteten, so dass es ihm gelang, eine Theorie
der Bewegung der Körper von solcher Voll-
endung auszuarbeiten, dass dieselbe bis heute
das Fundament nicht nur der Mechanik, sondern
der ganzen theoretischen Physik geworden ist.

Auf dieser von Newton geschaffenen Grundlage wurde weiter gebaut von den hervor-
ragendsten Analysten aller Nationen, so La-
grange, Laplace, Euler, Hamilton, und es
erwuchs aus der analytischen Mechanik eine
Schöpfung, welche wohl mit Recht als Muster
für jede mathematisch-physikalische Theorie
bewundert wird.

Es gelang zunächst, die Gesetze der Bewegung der starren Körper in Gleichungen zu
fassen, so dass jedes derartige Problem auf eine
reine Rechenaufgabe zurückgeführt werden kann.

Man machte sich aber auch eine mechanische Vorstellung von dem inneren Baue der
festen Körper und Flüssigkeiten, und gelangte
so zu Gleichungen, welche die Gesetze der
elastischen Eigenschaften der ersteren, ihrer
Deformationen, ihrer Festigkeit, sowie der Bewegungen der letzteren ausdrücken. Wenn aber
ein Erscheinungsgebiet in Gleichungen gefasst
ist, so sieht der Physiker seine Aufgabe für
gethan an. Die Auflösung der Gleichungen
schiebt er dem Mathematiker zu. Wie weit man

entfernt ist, alle diese Gleichungen wirklich lösen, d. h. in allen Fällen daraus wirklich ein anschauliches Bild der betreffenden Vorgänge gewinnen zu können, das zeigt ein Blick auf einen schäumenden Bach oder auf die von einem grossen Dampfer erzeugten Wasserwogen. Wie ohnmächtig ist die Analyse, die Details aller dieser Erscheinungen aus den hydrodynamischen Gleichungen heraus zu lesen. Aber doch liefert die Mechanik auf allen diesen Gebieten Formeln, welche auch für die Praxis von unschätzbarem Werte sind, ebenso für die Konstruktion von Bauwerken, eisernen Brücken und Türmen, wie für die Anlage von Kanälen, Wasserwerken etc., gar nicht zu reden von den zahllosen Maschinen, die von Tag zu Tag in staunenswerter Weise das Werk der Menschenhand nicht nur ersetzen, sondern übertreffen.

Die Übung, mechanisch zu denken, ist in allen Fällen des praktischen Lebens vom höchsten Nutzen und wirkt gestaltend und ausbildend auf das gesamte Geistesleben. Wie ein guter Pädagoge in richtiger psychologischer Kenntnis jeden seiner Mitmenschen gerade so behandelt, wie es dessen Individualität erheischt, so kommt der mechanisch Denkende jedem Mechanismus vom einfachsten bis zum kompliziertesten mit Achtung und Liebe entgegen und letzterer lohnt es, indem er die Wünsche seines Herrn erfüllt, während sich der mechanisch Ungebildete nicht einmal merkt, in welchem Sinne eine Schraube zu drehen ist und unauflöslich fest verbindet, was er gerade trennen will.

Wenn eine Nation grosse Erfolge erzielt

hat im Vergleiche mit den in der Nachbar-
schaft wohnenden, so pflegt sie eine gewisse
Hegemonie über die letzteren zu erlangen, ja sie
geht nicht selten daran, sie zu unterjochen und
sich dienstbar zu machen. Gerade so ergeht
es auch mit den wissenschaftlichen Disziplinen.
Die Mechanik erlangte bald die Hegemonie
in der gesamten Physik. Zunächst unterwarf
sich ihr naturgemäss und widerstandslos die
Akustik. Die betreffenden Erscheinungen sind
aufs innigste mit Bewegungserscheinungen ver-
knüpft, welche freilich so rasch vor sich gehen,
dass sie nicht direkt mit dem Auge verfolgt
werden können, aber doch ihren rein kine-
tischen Charakter selbst der bloss oberfläch-
lichen Beobachtung nicht verleugnen können.
Ja durch künstliche Mittel kann sowohl die Bewegung der Schallerreger, als auch der in der
Luft fortgepflanzten Schallwelle direkt sichtbar
und erkennbar gemacht werden. Die Akustik
wurde also sofort von der Mechanik als ihre
Domäne in Anspruch genommen. Dasselbe
geschah auch mit·der Optik, als man erkannt
hatte, dass das Licht ebenso wie der Schall
eine Wellen- und Schwingungserscheinung ist.
Freilich war da die Konstruktion eines schwin-
genden Mediums vollkommen der Phantasie
überlassen und stiess auch auf nicht geringe
Schwierigkeiten.

Den Feldzug in das Gebiet der Wärme-
theorie eröffnete die Mechanik durch die Vorstellung, dass die Wärme eine Bewegung der
kleinsten Teilchen der Körper sei, welche eben
wegen der Unwahrnehmbarkeit dieser kleinsten
Teilchen dem Auge unsichtbar bleibt, aber sich

dadurch zu erkennen giebt, dass sie, wenn sie sich den Molekülen unseres Körpers mitteilt, daselbst das Gefühl der Wärme, wenn sie unserem Körper entzogen wird, das Gefühl der Kälte erzeugt. Dieser Feldzug war ein siegreicher, da die geschilderte Hypothese ein sehr klares Bild vom Verhalten desjenigen Agens liefert, welches man Wärme nennt, ein weit vollständigeres, als die frühere Ansicht, dass dieses Agens sich analog wie ein Stoff verhalte. Elektrizität und Magnetismus wurden den mechanischen Gesetzen untergeordnet durch die Hypothese der elektrischen und magnetischen Fluida, deren Teilchen nach einem Gesetze aufeinander wirken sollten, welches nur eine Modifikation des von Newton für die Wechselwirkung der Weltkörper aufgestellten ist, also durchaus im Boden der reinen Mechanik wurzelt. Auf eine Mechanik der Anziehungs- und Abstossungskräfte, sowie der gegenseitigen Bewegung heterogener Atome suchte man endlich mit vielem Erfolge auch die chemischen Erscheinungen sowie die der Krystallbildung zurückzuführen, welche erstere ja soviel Verwandtschaft mit den Wärmeerscheinungen einer- und den elektrischen Erscheinungen andererseits haben. Von der Gegenbewegung, welche in neuerer Zeit gegen dieses Bestreben der Theorie unternommen wurde, soll später die Rede sein.

Selbst die oberflächlichste Beobachtung zeigt, dass die mechanischen Gesetze nicht auf die ·unbelebte Natur beschränkt sind. Das Auge ist bis ins kleinste Detail eine optische Dunkelkammer, das Herz eine Pumpe, die Muskulatur ein kompliziertes, nur vom Standpunkt der

— —

reinen Mechanik verständliches Hebelsystem, welches die scheinbar verwickeltsten Probleme mit den einfachsten Mitteln löst. So werden alle denkbaren Bewegungen des Auges durch sechs Muskelstränge bewirkt, welche wie ziehende Fäden auf eine um ihren Mittelpunkt bewegliche Kugel wirken; freilich, der volle Ausdruck des Augenaufschlages, das Senken des Blickes, wovon die Novellendichter erzählen, ist durch die äussere Dekoration, das Spiel der Augenlider und Gesichtsmuskel und anderes mitbedingt.

Die Anwendbarkeit der Mechanik erstreckt sich nun weiter in das Gebiet des Geistigen hinein, als man bei oberflächlicher Betrachtung vermuten würde. Wer hätte z. B. nicht schon Beobachtungen gemacht, welche die mechanische Natur des Gedächtnisses belegen? Nicht selten musste ich einst, um mir eine griechische Vokabel ins Gedächtnis zurückzurufen, eine ganze Reihe memorierter homerischer Verse recitieren, wobei sich dann das Wort an der betreffenden Stelle sofort einstellte. Als ich mich wochenlang ausschliesslich mit Hertz' Mechanik befasst hatte, wollte ich einmal mit den Worten „Liebes Herz" einen Brief an meine Frau beginnen und ehe ich mich versah, hatte ich Herz mit tz geschrieben.

Jedermann weiss, wie oft uns die angeboren Weckuhr, die wir im Gedächtnisse besitzen, im Stiche lässt, wenn sie nicht durch besondere Mechanismen (einen Knopf im Taschentuche, Hängen des Regenschirmes über den Winterrock) unterstützt wird. Als ich am Tage der Übersiedlung nach Leipzig ans Fenster ging, um in gewohnter Weise das Thermometer ab-

— —

zulesen, das ich Tags vorher selbst abgeschraubt hatte, rief ich aus: „Ich besitze keinen anderen Mechanismus, der so schlecht funktionierte, wie mein Gedächtnis, um nicht gar zu sagen, als mein Verstand!"

So können wir also in unserem Körper einen kunstvollen Mechanismus erblicken, und auch die Krankheiten desselben sind durch rein mechanische Ursachen erklärbar. Grossen Nutzen hat schon diese Erkenntnis gebracht, indem sie den mechanischen Eingriffen des Chirurgen Weg und Ziel zeigte, indem sie den wahren Mechanismus der Infektionskrankheiten aufdeckte, diese durch Abhaltung der krankheiterregenden Bakterien verhütete, oder durch deren Tötung heilte. In den meisten Fällen freilich stehen wir noch machtlos den Gewalten der Natur gegenüber, aber die Mechanik hilft uns doch, sie zu begreifen, und damit auch zu ertragen.

Wir haben noch der wunderbarsten mechanischen Theorie auf dem Gebiete der biologischen Wissenschaften zu gedenken, nämlich der Lehre Darwins. Diese unternimmt es, aus dem rein mechanischen Prinzipe der Vererbung, welches an sich freilich wie alle mechanischen Urprinzipe dunkel ist, die ganze Mannigfaltigkeit der Pflanzen- und Tierwelt zu erklären.

Die Erklärung der wunderbaren Schönheit der Blumen, des Formenreichtums der Insektenwelt, der Zweckmässigkeit des Baues der Organe des menschlichen und tierischen Körpers, das alles wird hiermit zur Domäne der Mechanik. Wir begreifen, wieso es für unsere Gattung nützlich und wichtig war, dass gewisse Sinneseindrücke uns schmeichelten und von uns ge-

sucht wurden, andere uns abstiessen; wir er-
sehen, wie vorteilhaft es war, möglichst genaue
Bilder der Umgebung in unserem Geiste zu
konstruieren und das, was von diesen mit der
Erfahrung stimmte, als wahr, streng auseinander
zu halten von dem nicht stimmenden, dem Fal-
schen. Wir können also die Entstehung der
Begriffe der Schönheit ebensowohl als der Wahr-
heit mechanisch erklären.

Wir verstehen aber auch, warum nur solche
Individuen fortexistieren konnten, welche gewisse höchst verderbliche Einwirkungen mit der
ganzen Intensität ihrer Nervenkraft verabscheuten
und hintan zu halten suchten, andere für ihre
oder die Erhaltung der Gattung notwendige,
aber mit gleicher Lebhaftigkeit anstrebten. Wir
begreifen so, wie sich die ganze Intensität und
Macht unseres Gefühlslebens entwickelte, Lust
und Schmerz, Hass und Liebe, Wunsch und
Furcht, Seligkeit und Verzweiflung. Geradeso,
wie unsere körperlichen Krankheiten können wir
auch die ganze Stufenleiter unserer Leidenschaften nicht loswerden, aber wir lernen sie
wiederum begreifen und ertragen.

In erster Linie wird es nun ohne Frage für
jedes Individuum von Wichtigkeit sein, dass
sein Streben auf die eigene Erhaltung gerichtet
ist, und es erscheint der Egoismus nicht als
Fehler, sondern als Notwendigkeit. Aber für
die Erhaltung der Gattung ist es von grösstem
Nutzen, wenn die verschiedenen Individuen sich
unterstützen, und beim Zusammenwirken der
Einzelne sich dem Ganzen unterordnet. So
verstehen wir die Notwendigkeit von Eigensinn
und Trotz schon beim Kinde, aber auch von

Zusammenhalten und Geselligkeit im gemein-
samen Spiele; wir verstehen an unserem Geschlechte Eigennutz und Mitgefühl, Scham und
Begierde, Freiheitsliebe und Knechtssinn, Tugend
und Laster, Todesfurcht und Todesverachtung.
Welchen Vorteil gewährt es für einmütiges
Wirken im Frieden und Kriege, wenn sich der
Jüngling für Grosses und Edles, Freundschaft
und Liebe, Freiheit und Vaterland begeistert,
aber wie leicht artet wieder dieser Trieb zum
Phrasentum, zur thatenlosen Schwärmerei aus.
Die Empfänglichkeit für Erhebung des Herzens
und Begeisterung musste sich daher ebenso notwendig in unserem Geschlechte bilden, wie
Nüchternheit und Egoismus, als deren notwen-
diges Gegengewicht. So begreifen wir aus
mechanischen Ursachen, dass der Jüngling für
die Poesie Schillers erglüht, und so viele die
Dichtungen Heines verurteilen, welche doch
wieder auf andere so mächtig und unwiderstehlich wirken. Es muss ja auch das Wasser
des aufsteigenden Springbrunnens eine leben-
dige Kraft besitzen, welche für sich allein im
stande wäre, es in den unendlichen Raum hin-
auszuschleudern; aber ebenso mechanisch notwendig ist die Gegenwirkung der Schwere und
des Druckes unzähliger Luftteilchen, die es
wieder rechtzeitig zur mütterlichen Erde zurück-
führen. Wollte man sich pikant ausdrücken, so
könnte man sich zur Behauptung versteigen,
dass nicht nur das abscheulichste Laster, sondern auch die höchste Tugend gewissermassen
eine Verirrung ist, darin begründet, dass unsere
angeborenen Triebe übers Ziel hinausschiessen.
Denn allzu grosser Idealismus trübt den prak-

tischen Sinn und ist daher das der banausischen Gesinnung entgegengesetzte auch wieder schädliche Extrem. Solche Paradoxa liegen näher, als man glaubt und entstehen immer bei Betrachtung der Dinge von einem einseitigen Standpunkte, wie die Zerrbilder bei Anwendung von Cylinder- oder Kegelspiegeln. In ähnlicher Weise hat man behauptet, dass das Genie eine Geisteskrankheit sei.

Ja nicht einmal für seine Gattung allein kann der Mensch das Ideal beanspruchen. Dadurch, dass er ihn für Untreue peitschte, für Treue fütterte, hat er dem Hunde die Treue gerade so anerzogen, wie der Kuh die reichliche Milchabsonderung, der Gans die grosse Leber. Der anhänglichere Hund wurde im Kampfe ums Dasein vom Menschen stets begünstigt und so wuchs Anhänglichkeit und Treue beim Hundegeschlechte in immer grösserem Masse. Wenn nun, wie es oft vorkommt, ein Hund, der seinen Herrn verloren hat, nicht mehr frisst und vor Gram langsam zu Grunde geht, ist das nicht ein Idealismus, wie wir ihn kaum beim Menschen finden, sicherlich nicht bei Dienern unserer modernen Zeit! Daher war mancher Philosoph versucht, den Hund moralisch höher zu stellen als den Menschen, wie man sich versucht fühlen kann, die automatische Nestbaukunst des Vogels über die mühsam erlernte und Irrtümern unterworfene des Architekten zu stellen.

In der Natur und Kunst herrscht also die allgewaltige Mechanik, sie herrscht auch ebenso in der Politik und dem sozialen Leben. Vermöge des mächtigen Triebes nach Selbständigkeit, von dem wir sahen, dass er sich schon

—

im Kinde mit Notwendigkeit entwickeln muss,
lässt sich der Einzelne nur ungern von anderen
beherrschen und liebt in gesellschaftlichen Ver-
einigungen, Städten, Gemeinwesen und im Staate
die republikanische Regierungsform. Aber dieser
stellen sich auf der anderen Seite wieder mechanische Schwierigkeiten entgegen. Jeder, der
öffentlichen Debatten beigewohnt hat, weiss,
ein wie schwerfälliger, zu raschem, konsequentem
Handeln ungeeigneter Organismus eine öffent-
liche Versammlung ist und wie häufig diese
wegen des geringen Teiles von Verantwortlich-
keit, der auf den Einzelnen entfällt, Fehler in
der Beschlussfassung macht. Noch erleichtert
wird dies durch den Umstand, den S c h i l l e r
mit den Worten charakterisiert: „Verstand ist
stets bei wenigen nur gewesen.,, Aus diesen
Ursachen erhellen wieder die Vorteile der Herrschaft Weniger oder eines Einzelnen. So beruht
in der That das Zusammenwirken der ver-
schiedenartigsten Persönlichkeiten in Volksver-
sammlungen ebenso wie die meisterhafte Len-
kung der widerstrebenden Willensäusserungen
der Menge durch einen Einzelnen auf der Mechanik der Psychologie. B i s m a r c k durch-
schaute die Seele seiner politischen Gegner so
klar, wie der Maschinentechniker das Räder-
werk seiner Maschine und wusste so genau,
wie er sie zu den gewünschten Handlungen zu
bewegen habe, als der Maschinist weiss, auf
welchen Hebel er drücken muss. Die be-
geisterte Freiheitsliebe eines C a t o, B r u t u s
und Verrina entstammt Gefühlen, die durch
rein mechanische Ursachen in ihrer Brust keimten
und es erklärt sich wiederum mechanisch, dass

wir mit Behagen in einem wohlgeordneten monarchischen Staate leben und doch gerne sehen, wenn unsere Söhne den Plutarch und Schiller lesen und sich an den Reden und Thaten schwärmerischer Republikaner begeistern. Auch hieran können wir nichts ändern; aber wir lernen es begreifen und ertragen. Der Gott, von dessen Gnade die Könige regieren, ist das Grundgesetz der Mechanik.

Es ist bekannt, dass die Darwinsche Lehre keineswegs bloss die Zweckmässigkeit der Organe des menschlichen und tierischen Körpers erklärt, sondern auch davon Rechenschaft giebt, warum sich oft Unzweckmässiges, rudimentäre Organe, ja geradezu Fehler in der Organisation bilden konnten und mussten.

Nicht anders geht es auf dem Gebiete unserer Triebe und Leidenschaften. Durch die Anpassung und Vererbung konnten sich bloss die Grundtriebe herausbilden, welche im grossen und ganzen für die Erhaltung des Individuums und Geschlechtes notwendig sind. Es ist dabei nicht zu vermeiden, dass in einzelnen Fällen diese Grundtriebe falsch wirken und unnütz, ja sogar schädlich werden. Oft schiessen die uns angeborenen Triebe gewissermassen über das Ziel hinaus. Die Kraft, mit der sie sich unserem Geiste assoziiert haben, um gewisse Wirkungen zu erzielen, ist so enorm, dass wir sie nicht sofort wieder loswerden können, wenn diese Wirkungen erzielt sind und nunmehr der zur Gewohnheit gewordene Trieb überflüssig oder schädlich ist. So übertrifft für das neugeborene Kind der Trieb des Saugens alle anderen an Wichtigkeit; kein Wunder daher,

dass er auch alle anderen an Intensität übertrifft und später lästig wird, wenn das schon
vernünftig gewordene Kind ihn oft unglaublich
lange nicht mehr loswerden kann. Die Erwachsenen belächeln dies und doch nimmt bei
ihnen das unzweckmässige und verkehrte Fortwirken des zur Erhaltung der Art dienenden
Triebes nicht selten noch viel absurdere Formen an.

Analoge Erscheinungen finden sich auf rein
geistigem Gebiete. So haben wir unsere Ge-
fühle so sehr an bestimmte Vorstellungen und
Eindrücke assoziiert, dass uns eine geschickt
abgefasste erfundene Erzählung oder ein Theater-
stück weit mehr zu Herzen geht als ein kurzer
wahrheitsgetreuer Bericht eines wirklichen Un-
glückes von Personen, die uns ferne stehen.

Ähnliche Wirkungen kommen im Gebiete
des philosophischen Denkens vor. Wir sind
gewohnt, den Wert oder Unwert der verschiedenen Dinge zu beurteilen, je nachdem sie für
unser Leben förderlich oder schädlich sind.
Dies wird uns so zur Gewohnheit, dass wir
schliesslich über den Wert oder Unwert des
Lebens selbst urteilen zu können glauben, ja
dass über dieses verkehrte Thema ganze Bücher
geschrieben wurden.

Nach meiner Überzeugung sind die Denk-
gesetze dadurch entstanden, dass sich die Verknüpfung der inneren Ideen, die wir von den
Gegenständen entwerfen, immer mehr der Verknüpfung der Gegenstände anpasste. Alle Ver-
knüpfungsregeln, welche auf Widersprüche mit
der Erfahrung führten, wurden verworfen und
dagegen die allzeit auf Richtiges führenden mit

solcher Energie festgehalten und dieses Fest-
halten vererbte sich so konsequent fort auf die
Nachkommen, dass wir in solchen Regeln
schliesslich Axiome oder angeborene Denk-
notwendigkeiten sahen. Aber auch hier, also
selbst in der Logik, ist ein über das Ziel Hinausschiessen nicht ausgeschlossen. Ja gerade
wegen der Abstraktheit und scheinbaren Durch-
sichtigkeit des Gebietes äfft es uns in solchen
Fällen am allermeisten. Ich sehe hierin den
Ursprung jener Widersprüche, welche bei Kant
als Antinomien, in neuerer Zeit als Welträtsel
bezeichnet werden. Es sei mir gestattet, einige
derartige Beispiele anzuführen. Wir haben
fortwährend Begriffe in einfachere Elemente
zu zerlegen, Erscheinungen aus uns schon
bekannten Gesetzen zu erklären. Diese so über-
aus nützliche und notwendige Thätigkeit wird
uns nun so zur Gewohnheit, dass der zwingende
Schein entsteht, es müssten auch die einfachsten
Begriffe noch in ihre Elemente zerlegt, auch
die Elementargesetze noch auf einfachere zurückgeführt werden.

Fragen, wie die nach der Definition des
Zahlbegriffes, nach der Ursache des Kausalitäts-
gesetzes, nach dem Wesen der Materie, Kraft,
Energie etc. drängen sich immer wieder unwiderstehlich auf, selbst dem philosophisch
Geschulten. Er ist überzeugt, dass diese Begriffe direkt aus der Erfahrung entnommen und
nicht weiter erklärbar sind, dass also hier ein-
fach die unwiderstehlich gewordene Denkgewohnheit, nach der Ursache und Definition
zu fragen, über das Ziel hinausschiesst, trotz-
dem kann er eine gewisse zurückbleibende Un-

befriedigtheit darüber nicht überwinden, dass
so wichtige Begriffe, wie der der Zahl oder der
der Kausalität, jedem Versuche spotten, sie zu
definieren. Es geht hier ähnlich, wie wenn
eine Gesichtstäuschung noch immer nicht ver-
schwindet, selbst nachdem man ihre mechanische Ursache klar erkannt hat.

Noch ein Schritt weiter ist es, wenn wir es
unerklärlich und rätselhaft finden, dass wir selbst
oder dass überhaupt irgend etwas existiert und
diesen Gedanken nicht ganz loswerden, selbst
wenn wir erkannt haben, dass hier der Begriff
des Rätselhaften so wenig Anwendung finden
kann, wie der Begriff des Wertes oder Un-
wertes bei Beurteilung des ganzen Lebens.

Ein anderes hierher gehöriges Beispiel liefert
die schon alte jetzt als Solipsismus bezeichnete
Verirrung. Gleichwie es mechanisch erklärbar
ist, dass eine Blutwelle in unserem Ohre die
Empfindung eines Tones erzeugen kann, dem
kein äusserer Eindruck entspricht oder, dass
wir Nachbilder heller Gegenstände noch wahr-
nehmen, nachdem diese unserem Blicke ent-
schwunden sind; ja dass wir selbst in vollkommener Finsternis mannigfaltige, oft phan-
tastische Gebilde sehen, denen keinerlei Gegenstände entsprechen, so ist es auch begreiflich,
dass unser Bewusstseinsorgan im Traume eine
von der Aussenwelt ganz unabhängige phan-
tastische Thätigkeit entfaltet. Eine ähnliche in
gemildertem Masse auftretende Thätigkeit ist
als Phantasie sogar zur Bildung neuer Ideen-
verbindungen nützlich und notwendig. Aber
auch diese schiesst wieder oft über das Ziel
hinaus. Der naive Mensch betrachtet Sonne

und Mond, Bäume und Quellen als beseelte Wesen, aber auch der gebildete denkt sich jede Kraft noch unter dem Bilde einer menschlichen Kraftanstrengung. In diesen Fällen ist dann eine strenge Kontrolle, eine scharfe Negation von allem bloss Hinzugeträumten notwendig. Diese wird durch häufige Übung wieder zur Gewohnheit. Indem man sie auf die Spitze treibt und auch anwendet, wo sie nicht hingehört, kommt man zur Idee, dass überhaupt alle unsere Vorstellungen Träume seien und nichts existiere, als der vorstellende, also ein einziger träumender Mensch. Diese Verirrung ist ebenso vom Standpunkte der Darwinschen Theorie begreiflich, wie die Entwicklung unserer normalen Vorstellungsthätigkeit. Die mechanische Natur der letzteren wird aber neuerdings dokumentiert durch die Möglichkeit ihrer Verwirrung schon im gesunden Zustande durch Schlaf, mehr aber noch im kranken durch Hallucinationen, Fieberphantasien und Wahnsinn.

Vom Standpunkt der Darwinschen Theorie ist auch das Verhältnis des Instinktes der Tierwelt zum Verstande des Menschen begreiflich. Je vollkommener ein Tier ist, desto mehr treten bei demselben neben dem Instinkte bereits Spuren von Verstand auf.

Einem Tiere, das nur einer geringen Zahl von Handlungen bedarf, welche zudem fortwährend unter ausserordentlich ähnlichen Verhältnissen zu erfolgen haben, ist es von höchstem Nutzen, wenn ihm, ohne dass es viel zu überlegen braucht, sogleich der Trieb zur richtigen Handlungsweise direkt angeboren ist, wie dem Vogel, der ohne Unterweisung vermöge angeborenen Instinktes mit bewunderungswürdiger Kunstfertigkeit Nester zu bauen versteht. Uns erschiene es wohl auf den ersten Anblick als ein weit vollkommenerer Zustand, wenn wir ohne Unterricht und ohne vieles Nachdenken stets das Richtige zu treffen wüssten. Während es aber unter den einfachen Bedingungen, unter denen sich jene Tiere befinden, das Leichtere und minder Komplizierte war, dass sich ihnen der Trieb zur ganzen Handlungsweise in summa vererbte, so steht dies wieder jeder Anpassung an geänderte Verhältnisse, jedem Fortschritte entgegen und unter komplizierten Lebensbedingungen erweist sich die dem Menschen angeborene Fähigkeit bei weitem überlegen, sich innere Bilder der äusseren Ereignisse zu konstruieren, mittels derselben Erfahrungen zu sammeln und diesen gemäss die Handlungen in jedem Falle regulieren zu können.

Übrigens tritt beim Menschen der Instinkt zwar sehr zurück, seine Spuren sind aber doch überall noch bemerkbar, und zwar keineswegs bloss in Fällen, wie der schon erwähnte Saugtrieb, oder der Nachahmungstrieb der Kinder, sondern auch bei allen elementaren das Nachdenken unterdrückenden oder ihm vorauseilenden Trieben der Erwachsenen. Der Schreck bei einem plötzlichen Geräusche, die Furcht bei plötzlicher Gefahr kommen ebenso unserm verständigen Handeln wider unsern Willen zuvor, wie der Zorn bei einem jähen Angriffe. Die ererbte Gewohnheit, gegen starke Eindrücke heftig zu reagieren, welche nützlich ist, um unserem Handeln den nötigen Nachdruck und die nötige Lebhaftigkeit zu verleihen, übt da eine unbezwingliche Wirkung aus und wird schädlich, wenn sie der Überlegung allzusehr vorauseilt. Überhaupt entstammen die Grundtriebe unseres Charakters, sowohl Genussucht und Trägheit, als auch Ehrgeiz, Herrschsucht, Mitleid und Neid ererbten Anlagen, also in erster Linie angeborenen Instinkten. Wieweit sind wir davon entfernt, dass reine Verstandesgründe die Motive aller unserer Handlungen wären? Die innersten Impulse zu denselben entstammen noch immer meist angeborenen Trieben und Leidenschaften, also ohne unser Zuthun in uns keimenden Instinkten, welche, wenn sie den Verstand beherrschen, zwar schädlich und verwerflich werden, aber doch notwendig sind, um unserer Handlungsweise Lebhaftigkeit, unserem Charakter seine eigentümliche Färbung zu verleihen. Das Weltgetriebe erhält sich, wie Schiller sagt, „heute wie ehemals durch Hunger und durch Liebe und die Zeit ist noch ferne, wo Philosophie den Ring der Welt zusammenhält."

Einen instinktiven Charakter hat auch der Aberglaube, welchen oft selbst die gebildetsten Menschen nicht ganz loswerden. Derselbe entsteht durch Fortwirken unseres Kausalbedürfnisses in Fällen, wo dazu keine Berechtigung vorhanden ist. Die Gewohnheit überall Kausalverbindungen zu suchen, veranlasst uns, rein zufällig scheinende Ereignisse mit irgend anderen, oft ganz heterogenen kausal zu verknüpfen, und das Gesetz von Ursache und Wirkung, welches richtig angewandt die Grundlage aller Erkenntnis ist, wird zum Irrlichte, das uns auf falsche Pfade führt.

Nun erübrigt noch zu erinnern, wie gut auch der ganze Mechanismus der sozialen Einrichtungen in den Rahmen unserer Betrachtungen passt. Da haben wir unzählige Anstandsregeln und Höflichkeitsformen teilweise so unnatürlich und gezwungen, dass sie vom Standpunkt einer unbefangenen Überlegung, die man öfters Vernunft nennt, die aber die Allmacht der Mechanik vergisst, absurd und lächerlich erscheinen. Diese Anstandsregeln sind nicht zu allen Zeiten dieselben; bei fremden Völkern weichen sie von den unseren oft so sehr ab, dass wir ganz verwirrt werden; aber sie müssen sein.

Die Thätigkeit der Konservativen, der pedantischen zopfigen steifen Anstandsrichter, die über die genaue Beobachtung jeder hergebrachten Sitte und jeder Regel für den gesellschaftlichen Verkehr, über genaue Verwendung aller ihrer Titel bei Ansprachen und Zubilligung aller ihrer gesellschaftlichen Vorrechte wachen, erscheint uns oft lächerlich; aber sie ist wohlthätig und muss sein, damit nicht Verrohung des gesellschaftlichen Verkehrs eintritt. Dafür, dass sie nicht zur Versteinerung des Geistes führt, sorgen wieder die Emanzipierten, Ungezwungenen, die hommes sans gêne. Beide Gattungen von Menschen bekämpfen einander und halten zusammen die Gesellschaft im richtigen Gleichgewicht.

Auf einem ganz andern Gebiete des sozialen Lebens wirkt ein anderer Mechanismus bei steter regster Bewegung immer das Gleichgewicht bewahrend, einer der grossartigsten bewunderungswürdigsten Mechanismen, die die

Menschheit geschaffen hat, der des Kapitals, des Geldes. Man lese Zolas Roman „L'argent". Den primitiven Tauschhandel der Urvölker hat es derart verfeinert, dass die verschiedenen Formen des Geldes mit allen Gesetzen und hergebrachten Regeln des kaufmännischen und Börsenverkehrs bewunderungswürdiger ineinandergreifen als die Räder des kompliziertesten Uhrwerks, und mit gleicher Lebhaftigkeit, Sicherheit und Präzision arbeiten wie die bestkonstruierten Elektromotoren.

Wer zu kurz gekommen, schimpft über den Mammon; der Schwindler, der die Regeln aus Gewinnsucht verdreht, wird ausgestossen wie unbrauchbare Stoffe aus einem lebenden Organismus; aber für unsere moderne Civilisation ist der Geld- und Börsenverkehr ebenso wichtig als die Buchdruckerkunst, der Dampf, die Elektrizität.

Übt der Einzelne nicht eine Zaubermacht aus, wenn ihm eine Menge an sich ganz wertloser Metallstücke zum Mittel wird, Paläste, Parke, Yachten, kurz, alles zu schaffen, was das Leben verschönt, ja Preise zu stiften, die noch lange nach seinem Tode zur Schaffung von Meisterwerken der Kunst und Wissenschaft wesentlich beitragen? Doch der Zauberer selbst, unterliegt er nicht auch wieder den Gesetzen der Mechanik, wenn ihm die falsche Stellung eines Häutchens in seinem Herzen, der Wandbruch eines Äderchens in seinem Gehirne die Benutzung aller angesammelten Herrlichkeiten entzieht und mit einem Schlage den Mächtigen in ein Stück toten Stoffes verwandelt?

Ja auch die Verspottung des Papiergeldes

scheint mir ein einseitiger Standpunkt zu sein.
Dieses hat doch wohl auch eine andere Seite
als die in Goethes Faust in so grelles Licht
gesetzte. Ja wenn wir darunter alle Wert-
papiere, Obligationen, Wechsel u. dergl. ein-
begreifen, so ist es geradezu die Krone des
wichtigsten Teiles des menschlichen Verkehrs,
des Mechanismus, der Mein und Dein den
heutigen komplizierten Bedürfnissen entsprechend
regelt.

Um vom Grossartigen wieder zum Kleinlichen
überzugehen, erinnere ich, dass der unwider-
stehliche, im Falle geringen Nachlassens durch
Klatschsucht stets wieder geschärfte Trieb zum
Putzen durch Entfernungen aller schädlichen
Ansteckungsstoffe aus den Wohnungen von
höchstem Nutzen ist. Freilich schiesst er übers
Ziel hinaus, wenn z. B. Messingteile stets blank
erhalten werden, deren Patina nicht nur un-
schädlich, sondern bei der heutigen grellen
Abendbeleuchtung sogar dem Auge wohlthätig
wäre. Aber ich will beileibe nicht behaupten,
dass wir besser daran wären, wenn das Staub-
abwischen den Bakteriologen an stelle der Haus-
bediensteten übertragen würde.

Weitere Beispiele für meine These zu finden,
wäre ich nicht verlegen; ich wäre eher verlegen, irgend einen Vorgang zu finden, der
nicht Beispiel dafür wäre.

Wir haben hiermit nicht nur unsere körperlichen Organe, sondern auch unser Seelenleben,
ja Kunst und Wissenschaft, Gefühlseindrücke
und Begeisterung zur Domäne der Mechanik
gemacht. Ist nun die Mechanik zur Darstellung
dieser Dinge nicht in der That allzu mecha-

nisch? Selbst der komplizierteste von Menschenhand verfertigte Mechanismus, wie geringfügig
und leblos ist er gegenüber dem einfachsten
pflanzlichen oder tierischen Gebilde!

Ich sehe voraus, welch ein Grauen bei
meinen letzten Ausführungen den Schwärmer
befällt, wie er fürchtet, dass alles Grosse und
Erhabene zum toten fühllosen Mechanismus ent-
würdigt wird und alle Poesie dahinsinkt. Aber
mir scheint all diese Furcht auf einem völligen
Missverständnisse des Vorgebrachten zu be-
ruhen.

Unsere Ideen von den Dingen sind ja niemals mit dem Wesen derselben identisch. Es
sind blosse Bilder, oder vielmehr Zeichen dafür, welche das Bezeichnete notwendig einseitig
darstellen, ja nichts weiter leisten können, als
dass sie gewisse Arten der Verknüpfungen
daran nachahmen, wobei das Wesen völlig un-
berührt bleibt.

Wir brauchen also von der Schärfe und
Bestimmtheit unserer früheren Ausdrücke nichts
zurückzunehmen. Wir haben damit doch nichts
weiter gethan, als dass wir eine gewisse Analogie zwischen den seelischen Phänomenen und
den einfachen Mechanismen der Natur behauptet
haben. Wir haben nur ein einseitiges Bild
konstruiert zum Behufe der Versinnlichung ge-
wisser Verknüpfungen der Erscheinungen und
Voraussage neuer uns unbekannter. Neben
diesem einen Bilde können und müssen aber
wegen seiner Einseitigkeit andere einhergehen,
welche die innerliche, die ethische Seite des
Gegenstandes darstellen und die Erhebung
unserer Seele durch die letzteren wird nicht

mehr gemindert werden, sobald wir vom mechanischen Bilde die richtige Auffassung haben Dasselbe wird nur dort anzuwenden sein, wo es hingehört; aber wir werden seinen Nutzen nicht bestreiten und bedenken, dass auch die erhabensten Ideen und Vorstellungen doch wieder nur Bilder, nur äussere Zeichen für die Art der Verknüpfung der Erscheinungen sind.

Damit entfällt auch der Einwand, der wohl vielleicht gegen meine Ausführungen erhoben werden wird, dass dieselben der Religion zuwiderliefen. Nichts ist verkehrter, als die auf ganz anderer ungleich festerer Basis ruhenden religiösen Begriffe mit den schwankenden subjektiven Bildern in Verbindung zu bringen. welche wir uns von den Aussendingen machen, Ich wäre der letzte, der die vorgebrachten Ansichten aufstellte, wenn sie irgend eine ·Gefahr für die Religion bergen würden. Aber ich weiss gewiss, dass die Zeit kommen wird, wo jedermann einsieht, dass dieselben für die Religion ebenso irrelevant sind, wie die Frage, ob die Erde still steht oder sich um die Sonne bewegt.

Indes das Prinzip der mechanischen Erklärung seine Herrschaft im Reiche der gesamten Wissenschaft immer mehr ausdehnte, verlor es merkwürdigerweise auf seinem eigensten Gebiete, dem der theoretischen Physik, wieder an Boden. Die Ursache davon lag, wie dies auch bei erobernden Nationen oft der Fall ist, teils im inneren Zwiespalte, teils auch in äusseren Verhältnissen.

Während man mit dem grössten Erfolge bestrebt war, die Anwendungen der Mechanik

is ins kleinste Detail auszuarbeiten, trat eine
ichtung auf, welche an den Grundpfeilern derselben zu rütteln begann und auf Unklarheiten
in den Prinzipien der Mechanik hinwies. Der
Grund legende Begriff der Mechanik ist der der
Bewegung. Der Begriff der reinen von jeder
andern Veränderung losgelösten Bewegung tritt
nur bei der Betrachtung starrer Körper vollkommen klar zu Tage. Hier haben wir in der
That ein vollkommen unveränderliches Gebilde,
an dem sich nichts als seine Lage im Raume
verändert. Es giebt nun in der Natur keinen
vollkommen starren Körper, aber allerdings feste
Körper, welche ihre Gestalt während der Bewegung nur unmerklich ändern. Die Gestalt-
veränderungen der Flüssigkeiten und Gase sucht
man ungezwungen auf die Bewegung ihrer
kleinsten Teile zurückzuführen. Sie haben ja
in der That schon für das Auge Ähnlichkeit
mit den Formveränderungen eines Sandhaufens,
der aus einzelnen, sinnlich wahrnehmbaren
Körnern besteht. Dennoch liegt für die wirk-
liche Flüssigkeit etwas Hypothetisches in der
Annahme, dass sich auch bei dieser jedes einzelne Teilchen zu allen Zeiten identifizieren
lässt. Erfahrungsmässig ist uns ja nur die Un-
veränderlichkeit der Gesamtmasse und des
Gesamtgewichtes gegeben.

Man suchte nun a priori zu beweisen, dass
sich jede auch scheinbar qualitative Veränderung auf eine Bewegung kleinster Teile zurück-
führen lassen müsse, da eine Bewegung der
einzige Vorgang sei, wobei der bewegte Gegenstand immer derselbe bleibt. Ich halte alle
derartigen metaphysischen Gründe für unzu-

reichend. Freilich den Begriff der Bewegung müssen wir jedenfalls bilden. Wenn sich daher alle scheinbar qualitativen Veränderungen unter dem Bilde von Bewegungen oder Änderungen der Anordnung kleinster Teile darstellen liessen, so würde dies zu einer besonders einfachen Naturerklärung führen. Die Natur würde uns dann am begreiflichsten erscheinen. Allein wir können sie dazu nicht zwingen. Die Möglichkeit, dass dies nicht angeht, dass wir zur Darstellung der Natur auch noch andere Bilder von anderen Veränderungen notwendig haben, muss offen gelassen werden und es ist begreiflich, dass die Berücksichtigung dieser Möglichkeit gerade durch die neuere Entwickelung der Physik nahe gelegt wurde.

Die mechanische Physik hatte sich alle Körper als Aggregate materieller Punkte gedacht, welche direkt in die Ferne aufeinander wirken. In ganz kleine (molekulare) Entfernungen sollten die Kohäsions-, Adhäsions- und chemischen Kräfte wirken, in weitere Distanzen die Gravitation. Neben der ponderabeln Materie wurde noch der Lichtäther angenommen, den man sich vollkommen analog einem festen Körper dachte, wogegen man die elektromagnetischen Erscheinungen, wie wir schon eingangs erörterten, durch die elektrischen und magnetischen Fluida erklärte, deren Teilchen ebenfalls direkt in die Ferne aufeinander wirken sollten. Die letztere Hypothese wusste lange allen beobachteten Erscheinungen gerecht zu werden. Erst vor wenig mehr als 10 Jahren gelang es Hertz, durch Versuche zu beweisen, dass, wie schon Faraday und Maxwell vermutet

hatten, die elektrischen und magnetischen Kräfte
nicht unmittelbar in die Ferne wirken, sondern
durch Zustandsveränderungen bedingt sind,
welche sich mit der Lichtgeschwindigkeit von
Volumelement zu Volumelement fortpflanzen.
Dadurch erhielt die altehrwürdige Theorie der
elektrischen Fluida einen Stoss, dem sie auch
bald erlag. Aber auch noch eine andere Theorie wurde durch Hertz' Versuche getroffen.
Es zeigten nämlich die Gesetze der Fortpflan-
zung der elektromagnetischen Wellen eine so
absolute Übereinstimmung mit den Gesetzen der
Lichtbewegung, dass an der Identität beider
Erscheinungen nicht mehr gezweifelt werden
konnte. War damit auch noch nicht definitiv
widerlegt, dass das Licht auf einer schwingen-
den Bewegung der kleinsten Teilchen eines
Lichtäthers beruht, so war doch erwiesen, dass
dieser Lichtäther sicherlich andere viel kompliziertere Eigenschaften haben muss, als man
ihm bisher beigelegt hatte. Hierdurch gewann
die Theorie der Elektrizität und des Magnetismus ein solches Übergewicht, dass von einigen
Seiten der Versuch gemacht wurde, an Stelle
der mechanischen Hegemonie in der theoretischen Physik eine solche des Elektromagnetismus zu setzen, indem man versuchte, umge-
kehrt die einfachsten Gesetze der Mechanik
aus der Theorie des Elektromagnetismus her-
zuleiten.

Anderseits war man gegen alle Hypothesen
misstrauisch geworden und beschränkte die Aufgabe der Theorie darauf, eine nirgends über
das erfahrungsmässig Gegebene hinausgehende
Beschreibung der Erscheinungen zu liefern.

— —

Man hat da die Wahl zwischen 2 extremen Methoden. Macht man zu spezielle Hypothesen, so läuft man Gefahr, Überflüssiges und sogar Unrichtiges in den Vorstellungskreis aufzunehmen. Sucht man sich dagegen aller Hypothesen zu entschlagen, so wird die Theorie unbestimmt und ungeeignet, ganz neuartige Erscheinungen vorauszusagen und so das Experiment auf neue Bahnen zu lenken. Man begreift, dass auf eine Zeit allzu kühner Hypothesen eine entsprechende Reaktion folgte.

Dazu kam, dass ein Begriff, dessen Wichtigkeit schon von Leibniz klar erkannt wurde und der längst in der Mechanik eine bedeutende Rolle spielte, sich allmählich zum mächtigen, die ganze Erscheinungswelt umfassenden Bande herauswuchs, nämlich der der Energie. Gewiss abstrakter als der Begriff der Materie, konnte er doch nach jenen Erscheinungen noch genau verfolgt und sogar quantitativ bestimmt werden, wo uns die Anhaltspunkte über eine Materie, an die sie etwa gebunden wären, fehlten.

Die Energie zeigte nun in jeder ihrer Erscheinungsformen unsere charakteristische Eigentümlichkeiten und noch weiter merkwürdige Analogien, so dass die Lehre von den Wandlungen und Eigenschaften der Energie bald so einflussreich wurde, dass sie auch ihrerseits die Hegemonie in der theoretischen Physik anstrebte und diese zur Energetik zu machen suchte. Der Streit, des gerade hier nicht weiter gedacht werden, die extremste Richtung als auch Vorlesung eines

Mitglieds dieser Universität so lichtvoll behandelt wurden.

Was die formale logische Grundlage betrifft, so hatte die alte Mechanik sich dem Dualismus zwischen Kraft und Stoff angeschlossen. Die Materie ist das Bewegliche. Man ist nun gewohnt, für jede spezielle Bewegung die Ursache aufzusuchen. Indem man diese Denkgewohnheit über die Grenzen ihrer Berechtigung ausdehnte, also in ihrer Anwendung über das Ziel hinausschoss, glaubte man auch dafür, dass überhaupt Bewegungserscheinungen eintreten, eine besondere von der Materie getrennte Ursache annehmen zu müssen, welcher man den Namen Kraft gab und neben der Materie eine besondere Existenz zuschrieb. Kirchhoff leugnete die Notwendigkeit hiervon und glaubte, mit der blossen Annahme der Materie und der Thatsache ihrer Bewegung nach bestimmten zu beschreibenden Gesetzen ausreichen zu können. Er behielt jedoch die direkte Fernwirkung bei. Wenn wir aber ernstlich fragen, was von derselben nach unsern heutigen Anschauungen übrig geblieben ist, so finden wir nicht mehr viel. Die elektrischen und magnetischen Kräfte wirken nicht in die Entfernung, sondern von Volumelement zu Volumelement. Von den elastischen und chemischen Kräften von der Adhäsion und Kohäsion, deren Wirkungsbereich ohnedies ein winzig kleiner ist, kann ebenfalls keine direkte Fernwirkung nachgewiesen werden. Es bleibt nur die Gravitation, aber auch hier lässt die Analogie des Wirkungsgesetzes mit dem der elektrostatischen und magnetischen Kräfte die Vermittelung durch ein Medium wahrscheinlich erscheinen.

Wenn auch Newton selbst die direkte Fernwirkung nur als einen Notbehelf erklärte, so ist doch das ganze Gebäude der klassischen Mechanik auf die Idee derselben zugeschnitten. Es kann uns daher nicht wundern, dass Hertz dasselbe von Grund aus zu reformieren suchte und an Stelle der beschleunigenden Wirkungen Bedingungsgleichungen setzte. Aber auch Hertz konstruierte die Materie aus materiellen Punkten. Dieselben üben zwar keine Kräfte in die Ferne aufeinander aus, aber die Bedingungen, welche zwischen ihnen bestehen, verbinden entfernte Punkte ebenso unvermittelt direkt miteinander. Hertz setzt also an Stelle der Fernwirkungen gewissermassen Fernbedingungsgleichungen.

Brill hat versucht, die Hertzsche Methode auf Kontinua anzuwenden und es gelang ihm auf diese Weise die Ableitung der Bewegungsgleichungen für inkompressible Flüssigkeiten. Man könnte nun nach Lord Kelvin die Natur aus einem Wechselspiele von Wirbelringen oder sonstigen Bewegungserscheinungen in einer solchen Flüssigkeit erklären, in der auch starre Gebilde eingetaucht sein könnten. Man hätte dann in der That ein Bild der gesamten Erscheinungswelt ganz auf dem Boden der Hertzschen Mechanik gewonnen. Aber man sieht sofort, es wäre nicht gar viel von den alten phantastischen Weltbildern verschieden. Der Gewinn wäre bei weitem nicht so gross, als es die schöne philosophische Grundlage der Hertzschen Mechanik verspricht. Die letzte in

einer anderen hypothesenfreieren Weise aus-
zubauen, ist aber bisher nicht gelungen.

Verlocken die neuesten Ansichten über den
Elektromagnetismus nur das Heil ausschliesslich
in der Wirkung von Volumelementen auf benachbarte zu suchen, so veranlassten gerade
auch wieder in neuester Zeit gewisse an Ka-
thodenstrahlen und bei der Elektrolyse beobachteten Erscheinungen zur Annahme, dass
selbst die Elektrizität eine atomistische Zu-
sammensetzung hat, aus diskreten Elementen,
den Elektronen, besteht. Man sieht also, die
alte Kantsche Antinomie, der Gegensatz
zwischen der Teilbarkeit der Materie ins Un-
endliche und ihrer atomistischen Konstitution,
hält die Wissenschaft noch immer in Atem.
Nur betrachten wir gegenwärtig beide Ansichten nicht als solche, die mit inneren logischen,
aus den Denkgesetzen entspringenden Wider-
sprüchen behaftet sind, sondern wir sehen in
jeder ein von uns konstruiertes inneres Bild
und fragen, welches Bild mit mehr Klarheit
und Leichtigkeit ausgebaut werden kann und
mit der grössten Korrektheit und einem Minimum von Unbestimmtheit die Gesetze der Erscheinungen wieder giebt.

Wenn wir nun zum Schlusse das Resultat
unserer Betrachtungen resumieren, so können
wir als solches bezeichnen, dass sich eine Seite
aller Vorgänge der unbelebten und belebten
Natur durch rein mechanische Bilder in einer
Exaktheit darstellen, wie man sich ausdrückt,
begreiflich machen lässt, wie es sonst in keiner
anderen Weise bisher gelungen ist, während

andererseits doch alle höheren Bestrebungen und Ideale keine Einbusse erleiden.

Und nun noch ein Wort an Sie, meine künftigen Schüler und studentische Kommilitonen! Seien Sie voll Idealismus und hoher Begeisterung in der Auffassung dessen, was Ihnen in der Alma mater geboten wird, aber in der Verarbeitung seien Sie mechanisch, unermüdlich und gleichförmig fortarbeitend, wie Maschinen.

II. Antritts-Vorlesung.

Gehalten in Wien im Oktober 1902.

Meine Herren und Damen!

Man pflegt die Antrittsvorlesung stets mit einem Lobeshymnus auf seinen Vorgänger zu eröffnen. Diese hier und da beschwerliche Aufgabe kann ich mir heute ersparen, denn gelang es auch Napoleon dem Ersten nicht, sein eigener Urgrossvater zu sein, so bin doch ich gegenwärtig mein eigener Vorgänger. Ich kann also sofort auf die Behandlung meines eigentlichen Themas eingehen.

Nun in der Abhaltung von Antrittsvorlesungen über die Prinzipien der Mechanik habe ich mir nachgerade eine gewisse Routine erworben. Schon die Vorlesung, mit der ich vor 33 Jahren in Graz meine Thätigkeit als ordentlicher Universitätsprofessor begann, behandelte dieses Thema. Seitdem eröffne ich in Wien am heutigen Tage zum 3. Male meine Vorlesungen mit der Betrachtung dieser Materie, dazu kommt einmal eine Antrittsvorlesung in

München und einmal eine in Leipzig über denselben Gegenstand.

Er ist in der That bedeutend genug, dass
man ihn so oft behandeln kann, ohne sich allzusehr zu wiederholen. Die Mechanik ist das
Fundament, auf welches das ganze Gebäude
der theoretischen Physik aufgebaut ist, die
Wurzel, welcher alle übrigen Zweige dieser
Wissenschaft entspriessen. Man begreift das,
wenn man einerseits die historische Entwicklung der physikalischen Wissenschaften betrachtet, andererseits auch, wenn man deren logischen nneren Zusammenhang ins Auge fasst.

Mag sich die Wissenschaft noch so sehr der
Idealität ihrer Ziele rühmen und auf die Technik
und Praxis mit einer gewissen Geringschätzung
herabschauen, es lässt sich doch nicht leugnen,
dass sie ihren Ursprung in dem Streben nach
der Befriedigung rein praktischer Bedürfnisse
nahm. Andererseits wäre der Siegeszug der heutigen Naturwissenschaft niemals ein so beispiel-
los glänzender gewesen, wenn dieselbe nicht an
den Technikern so tüchtige Pioniere besässe.

Um die ersten Spuren mechanischer Thätigkeit des Menschen zu finden, müssen wir
uns aus der heutigen Zeit, aus dem Zeitalter
der Röntgenstrahlen und der Telegraphie ohne
Draht in die allerersten Uranfänge menschlicher
Kultur zurückversetzen. Das erste menschliche
Werkzeug war der Knüttel. Ihn handhabt auch
der Orang-Utang und zwar zu einem Zwecke,
dem sich noch heute, wo wir uns so erhaben
über ihn denken, ein Gutteil menschlichen Er-
findungsgeistes und technischen Scharfsinns zu-
wendet. Wie soll ich diesen Zweck nennen?

Menschenmord nennen ihn die Friedensfreunde;
Einsetzen des höchsten Preises des Lebens für
die edelsten Güter der Menschheit, für Ehre,
Freiheit und Vaterland nennen ihn die Soldaten.
Wie dem auch sei, jedenfalls müssen wir
im Knüttel schon ein mechanisches Werkzeug,
das erste Geschenk des erwachenden Sinnes
für Technik erblicken. Als später die Kultur
der Menschheit sich zu entwickeln begann,
waren es nicht akustische oder optische Appa-
rate, kalorische oder gar elektromagnetische
Maschinen, was man zuerst erfand. Die Sache
ging ein wenig langsamer. Das Bedürfnis, na-
türliche Höhlen besser zu verschliessen, künstliche anzulegen, führte allmählich zum Bau von
Wohnungen und Burgen. Die Notwendigkeit,
zu diesem Zwecke wuchtige Steine oder ko-
lossale Baumstämme herbeizuschaffen, reizte den
Erfindungsgeist. Der Mensch rundete passend
geformte Äste zu Walzen, baute später roh ge-
zimmerte Räder, den Knüttel benutzte er als
Hebel in der primitivsten Form und betrat so
erst unbewusst, dann mit immer mehr Absicht
und Bewusstsein das Gebiet der Mechanik im
engeren Sinne.

Hut ab vor diesen Erfindern in Bärenfellen
und Schuhen aus Baumrinde. Der Mensch, der
zuerst mittels geschickt untergelegter Walzen
einen Stein bewegt hat, dessen Wucht für immer
den Riesenfäusten seiner Mitmenschen zu spotten
schien, empfand sicher nicht geringere Genug-
thuung als Marconi, da er das erste durch die
Luft über den Ozean geleitete Telegraphen-
signal vernahm, selbstverständlich unter der

Voraussetzung, dass alles wahr ist, was die Zeitungen hierüber berichten.

Aus so unscheinbaren Anfängen wuchs die Mechanik, anfangs unendlich langsam, aber doch stetig und später in immer rascherem Tempo empor. Schon Archimedes flösste das zu seinen Zeiten Erreichte solche Bewunderung ein, dass er sich die Welt aus den Angeln zu heben getraut hätte, wenn ihm nur ein fester Stützpunkt hätte geboten werden können. Nun, die heutigen Fortschritte der Technik haben zwar nicht die Erdkugel bewegt, aber die ganze soziale Ordnung, den ganzen Wandel und Verkehr der Menschheit haben sie in der That nahezu aus den Angeln gehoben.

Ja die Fortschritte auf dem Gebiete der Naturwissenschaften haben sogar die ganze Denk- und Empfindungsweise der Menschheit vom Grund aus umgestaltet. Während das frühere humanistische Zeitalter in allem Beseeltes, Empfindendes erblickte, gewöhnen wir uns leider immer mehr, alles vom Standpunkte der Maschine zu betrachten. Früher durchschweifte der Fusswanderer singend Wald und Flur und was konnte man in der Postkutsche Besseres thun, als dichten und träumen, wenn nicht gerade der Ärger über die Langeweile überwog; jetzt wird im Expresszug, im Ozeandampfer noch gearbeitet und gerechnet. Ehemals suchte der Kutscher durch Zureden in der Menschensprache den Sinn seines Gaules zu lenken; jetzt dirigiert man den Elektromotor oder das Automobile mit etlichen Kurbeln schweigend.

Und doch werden wir die Vorstellung der Beseeltheit der Natur nicht los. Die grossen

Maschinen von heute, arbeiten sie nicht wie
bewusste Wesen? Sie schnauben und pusten,
heulen und winseln, stossen Klagelaute, Angst-
und Warnungsrufe aus, bei Überschuss von
Arbeitskraft pfeifen sie gellend. Sie nehmen
die zur Erhaltung ihrer Kraft erforderlichen
Stoffe aus der Umgebung auf und scheiden
davon das Unbrauchbare wieder aus, genau denselben Gesetzen unterthan wie unser eigener
Körper.

Es hat für mich einen eigentümlichen Reiz,
mir vorzustellen, wie die in den verschiedensten
Gebieten bahnbrechenden Geister sich über das
freuen würden, was ihre Nachfolger, vielfach
auf ihren Schultern stehend, nach ihnen er-
rungen haben, so z. B. was Mozart empfinden
würde, wenn er jetzt eine Meisteraufführung
der 9. Simphonie oder des Parsifal anhören
könnte. Ungefähr dasselbe müssten die grossen
griechischen Naturphilosophen, vor allem der
mathematische Feuerkopf Archimedes zu den
Leistungen unserer heutigen Technik sagen; an
Begeisterung und Sinn für das Grossartige würde
es ihnen gewiss nicht fehlen. Bezeichnen wir
doch noch heute den höchsten Grad der Begeisterung mit dem schönen griechischen Worte
Enthusiasmus.

Doch ich bin ein wenig von meinem eigentlichen Gegenstande abgeirrt und muss wieder
zu diesem zurückkehren.

Ich sprach bisher fortwährend von Maschinen
und von Technik. Sie würden aber fehl gehen,
wenn Sie erwarteten, dass ich Sie in meinen
Vorlesungen in die Kunst des Maschinenbaues
einweihen werde. Dies ist Sache der tech-

nischen Mechanik und Maschinenlehre; der Gegenstand meiner Vorlesungen aber wird die analytische Mechanik sein. Ihre Definition ist viel allgemeiner. Sie hat die Gesetze zu erforschen, nach denen sich die Gesamtheit der Bewegungserscheinungen in der uns umgebenden Natur abspielt.

Wir finden daselbst zunächst sehr viele Körper, welche eine, wenigstens soweit die Beobachtung geht, unveränderliche Gestalt haben. Ihre Bewegung ist also eine blosse Ortsveränderung und Drehung ohne jede Formänderung und die analytische Mechanik wird zunächst die Gesetze für diese Ortsveränderung anzugeben haben. Andere Körper, die Flüssigkeiten (tropfbare und gasförmige), ändern ihre Gestalt während der Bewegung fortwährend in der mannigfaltigsten Weise. Man kann sich nun ein anschauliches Bild dieser steten Gestaltänderungen machen, wenn man sich die Flüssigkeiten aus kleinsten Teilchen zusammengesetzt denkt, von denen sich jedes selbständig nach denselben Gesetzen wie die festen Körper bewegt, jedoch so, dass stets 2 benachbarte Teilchen der Flüssigkeit immer nahezu dieselbe Bewegung machen. Zu den Kräften, welche von aussen auf jedes Teilchen wirken, sind noch die hinzuzunehmen, welche die verschiedenen Teilchen aufeinander ausüben. Auf diese Weise kann auch die Bewegung der Flüssigkeiten auf die Gesetze der Mechanik der festen Körper zurückgeführt werden.

Die Bewegungserscheinungen sind diejenigen, welche wir am häufigsten und unmittelbarsten beobachten. Alle anderen Naturerscheinungen sind versteckter. Wir können auch die Bewegungserscheinungen mit der geringsten Summe von Begriffen erfassen. Wir reichen zu ihrer Beschreibung mit dem Begriffe des Ortes im Raume und der zeitlichen Veränderung desselben aus, wogegen wir bei den anderen Erscheinungen noch viel unklarere Begriffe, wie Temperatur, Lichtintensität und Farbe, elektrische Spannung etc., nötig haben.

Es ist nun überall die Aufgabe der Wissenschaft, das Kompliziertere aus dem Einfacheren zu erklären; oder, wenn man lieber will, durch Bilder, welche dem einfacheren Erscheinungsgebiete entnommen sind, anschaulich darzustellen. Daher suchte man auch in der Physik die übrigen Erscheinungen, die des Schalles, Lichtes, der Wärme, des Magnetismus und der Elektrizität auf blosse Bewegungserscheinungen der kleinsten Teilchen dieser Körper zurückzuführen, und zwar gelingt dies bei sehr vielen, freilich nicht bei allen Erscheinungen mit gutem Erfolge. Dadurch wurde eben die Wissenschaft der Bewegungserscheinungen, also die Mechanik, zur Wurzel der übrigen physikalischen Disziplinen, welche allmählich immer mehr und mehr sich in spezielle Kapitel der Mechanik zu verwandeln schienen.

Erst in neuester Zeit ist dagegen eine Reaktion eingetreten. Die Schwierigkeiten, welche die rein mechanische Erklärung des Magnetismus und der Elektrizität bot, liessen Zweifel darüber aufkommen, ob alles mechanisch erklärbar sei und gerade der Elektromagnetismus gewann immer an Wichtigkeit nicht nur für die Praxis, sondern auch für die Theorie. Schliesslich wurde seine Macht so gross, dass er sogar den Spiess umzukehren und die Mechanik elektromagnetisch zu erklären suchte. Während man früher Magnetismus und Elektrizität durch eine rotierende oder schwingende Bewegung der kleinsten Teile der Körper zu erklären versucht hatte, so ging man jetzt darauf aus, die Fundamentalgesetze der Bewegung der Körper selbst aus den Gesetzen des Elektromagnetismus abzuleiten.

Das bekannteste Gesetz der Mechanik ist das der Trägheit. Jeder Gymnasiast ist heutzutage damit vertraut, wobei ich natürlich bloss von der Trägheit im physikalischen Sinne spreche. Bis vor kurzem hielt man das Trägheitsgesetz für das erste Fundamentalgesetz der Natur, welches selbst unerklärbar ist, aber zur Erklärung aller Erscheinungen beigezogen werden muss. Nun folgt aber aus den Maxwellschen Gleichungen für den Elektromagnetismus, dass ein bewegtes elektrisches Partikelchen, ohne selbst Masse oder Trägheit zu besitzen, bloss durch die Wirkung des umgebenden Äthers sich genau so bewegen muss, als ob es träge Masse hätte. Man machte daher die Hypothese, dass die Körper keine träge Masse besitzen, sondern bloss aus massenlosen elektrischen Partikelchen, den Elektronen bestehen, ihre Trägheit also eine bloss scheinbare, durch die Wirkung des umgebenden Äthers bei ihrer Bewegung durch denselben hervorgerufene sei. In ähnlicher Weise gelang es, auch die Wirkung der mechanischen Kräfte auf elektromagnetische Erscheinungen zurückzuführen. Während man also früher alle Erscheinungen durch die Wirkung von Mechanismen erklären wollte, so ist jetzt der Äther ein Mechanismus, der an sich freilich wieder vollkommen dunkel, die Wirkung aller Mechanismen erklären soll. Man wollte jetzt nicht mehr alles mechanisch erklären, sondern suchte vielmehr einen Mechanismus zur Erklärung aller Mechanismen.

Was heisst es nun, einen Mechanismus vollkommen richtig verstehen? Jedermann weiss, dass das praktische Kriterium dafür darin besteht, dass man ihn richtig zu behandeln weiss. Allein ich gehe weiter und behaupte, dass dies auch die einzig haltbare Definition des Verständnisses eines Mechanismus ist. Man wendet da freilich ein, dass es denkbar ist, dass eine Person die Behandlungsweise eines Mechanismus erlernt hat, ohne diesen selbst zu verstehen. Allein dieser Einwand ist nicht stichhaltig. Wir sagen bloss, sie versteht den Mechanismus nicht, weil ihre Kenntnis seiner Behandlungsweise auf dessen reguläre Thätigkeit beschränkt ist. Sobald am Mechanismus etwas gebrochen ist, schlecht funktioniert oder sonst eine unvorhergesehene Störung eintritt, weiss sie sich nicht mehr zu helfen. Dass er den Mechanismus verstehe dagegen, sagen wir von demjenigen, der auch in allen diesen Fällen das Richtige zu thun weiss. So scheint dieser Umstand wirklich die Definition des Verständnisses zu bilden. Wie wir die Begriffe bilden sollen, kann nicht definiert werden, ist auch in der That vollkommen gleichgültig, wenn sie nur stets zur richtigen Handlung uns führen.

So ist ein bekannter verlockender Fehlschluss der sogenannte Solipsismus, die Ansicht, dass die Welt nicht real, sondern ein blosses Produkt unserer Phantasie, wie ein Traumgebilde sei. Auch ich hing dieser Schrulle nach, versäumte infolgedessen praktisch richtig zu handeln und kam dadurch zu Schaden; zu meiner grössten Freude, denn ich erkannte darin den gesuchten Beweis der Existenz der Aussenwelt, welcher allein darin bestehen kann, dass man minder zu richtigen Handlungen befähigt ist, wenn man diese Existenz in Zweifel zieht.

Als ich vor 33 Jahren meine schon besprochenen ersten Vorlesungen über Mechanik hielt, neckte mich einer meiner damaligen Grazer Kollegen, indem er sagte: „Wie kann man sich nur mit so etwas rein Mechanischem befassen". Er beabsichtigte natürlich bloss ein Wortspiel; ich aber sass ihm auf und ereiferte mich darzuthun, dass die Mechanik nichts Mechanisches sei; aber trotz ihrer Schwierigkeit, trotz des unendlichen Aufwandes von Scharfsinn, den durch Jahrhunderte hindurch die grössten Gelehrten auf ihre Entwickelung verwendeten, hat es doch mit dem Mechanischen etwas auf sich.

Vom Begriffe der Trägheit habe ich schon gesprochen, ein 2. Grundbegriff der Mechanik ist der der Arbeit. Man könnte das wichtigste Gesetz der Mechanik ungefähr dahin aussprechen, dass die Natur alles mit einem Minimum von Arbeitsaufwand leistet. Wem kämen dabei nicht wieder triviale Nebengedanken? Ist der Arbeitsbegriff nicht für die Praxis ebenso der wichtigste und zugleich rätselvollste wie für die gesamte Naturwissenschaft? Schon das aus dem Paradiese vertriebene erste Menschenpaar sah in der Arbeit den höchsten Fluch, andererseits aber wäre der Mensch ohne Arbeit kein Mensch. Stetige unausgesetzte Arbeit hat der Mensch freilich mit dem Zugtier, ja sogar mit der leblosen, von ihm selbst fabrizierten Maschine gemein und doch wird Arbeitsamkeit als eine der schönsten Charaktereigenschaften eines jeden, vom Herrscher bis zum Tagelöhner, gepriesen.

Zum Schluss möchte ich die Frage aufwerfen, ist die Menschheit durch alle Fortschritte der Kultur und Technik glücklicher geworden? In der That eine heikle Frage. Gewiss, ein Mechanismus, die Menschen glücklich zu machen, ist noch nicht erfunden worden. Das Glück muss jeder in der eigenen Brust suchen und finden.

Aber schädliche, das Glück störende Einflüsse hinwegzuschaffen, gelang der Wissenschaft und Civilisation, indem sie Blitzgefahr, Seuchen der Völker und Krankheiten der Einzelnen in vielen Fällen erfolgreich zu bekämpfen wusste. Sie vermehrte ferner die Möglichkeit, das Glück zu finden, indem sie uns Mittel bot, unseren schönen Erdball leichter zu durchschweifen und kennen zu lernen, den Aufbau des Sternenhimmels uns lebhaft vorzustellen und die ewigen Gesetze des Naturganzen wenigstens dunkel zu ahnen. So ermöglicht sie der Menschheit eine immer weiter gehende Entfaltung ihrer Körper- und Geisteskräfte, eine immer wachsende Herrschaft über die gesamte übrige Natur und befähigt den, der den inneren

Frieden gefunden hat, diesen in erhöhter Lebens-
entfaltung und grösserer Vollkommenheit zu ge-
niessen.

Hochgeehrte Anwesende, ich habe die Aufgabe, Ihnen in den gegenwärtigen Vorlesungen
gar Mannigfaltiges darzubieten: Verwickelte Lehr-
sätze, auf das höchste verfeinerte Begriffe, komplizierte Beweise. Entschuldigen Sie, wenn ich
von alledem heute noch wenig geleistet habe.
Ich habe nicht einmal, wie es sich geziemen
würde, den Begriff meiner Wissenschaft, der
theoretischen Physik, definiert, nicht einmal den
Plan entwickelt, nach dem ich dieselbe in diesen
Vorlesungen zu behandeln gedenke. Alles das
wollte ich Ihnen heute nicht bieten, ich denke,
dass wir später im Verlaufe der Arbeit besser
darüber klar werden. Heute wollte ich Ihnen
vielmehr nur ein Geringes bieten, für mich
freilich auch wiederum alles, was ich habe, mich
selbst, meine ganze Denk- und Empfindungsweise.

Ebenso werde ich auch im Verlaufe der Vorlesungen von Ihnen gar Mannigfaltiges fordern
müssen: Angestrengte Aufmerksamkeit, eisernen
Fleiss, unermüdliche Willenskraft. Aber ver-
zeihen Sie mir, wenn ich, ehe ich an dieses
alles gehe, Sie für mich um etwas bitte, woran
mir am meisten gelegen ist, um Ihr Vertrauen,
Ihre Zuneigung, Ihre Liebe, mit einem Worte,
um das Höchste, was Sie zu geben vermögen,
Sie selbst.